Versos
ROTOS

Copyright ©2021 by Mateo Hernández

Todos los derechos reservados.

Ninguna parte de este libro podrá ser reproducida, transmitida o distribuida

de ninguna forma y por ningún motivo, incluyendo fotocopiado, audiograbado

u otros métodos electrónicos o mecánicos, sin la autorización previa del autor; excepto para el uso de pequeñas reseñas y ciertos otros usos no comerciales permitidos por la ley Copyright Act of 1976.

Título: *Versos Rotos*

ISBN # 978-1-955201-00-1

Primera Edición

Impreso en USA

Para cualquier solicitud, escribe a:

Email: **https://www.facebook.com/MmattNoa**

VERSOS ROTOS

Mateo Hernández

Escribí este libro porque no sé cómo gritar sin causar alboroto, porque los miedos retumban en mi garganta sacudiendo mi corazón. Nunca supe cómo hablar de amor cara a cara con el motivo de mis alegrías, y algo tenía que lanzarle para que sepa lo que siento.

DEDICATORIA

A mi madre, que siempre creyó en mí,
a mi hermano Vito, que fue el primero
en leerme y apoyarme cuando nadie lo hacía.
A Mary, mi compañera de viaje.

*Es tonto pretender olvidarla cuando fui yo quien
la hizo eterna en los más de mil versos que le escribí*

Índice

CONTENIDO   pág.

Complicidad _____ 13
Nostalgia _____ 14
Nudos _____ 15
Me enamoré _____ 16
Fue bonito mientras duró _____ 17
Imposibilidad _____ 18
Un amor como el suyo _____ 19
Por si decides volver _____ 20
Di que la amas _____ 21
Uno más del montón _____ 22
Con usted me perdí _____ 23
Impotencia _____ 24
No dejes de mirarme, por favor _____ 25
Impostor _____ 26
Si no es con ella, no quiero nada _____ 27
Esperanzas muertas _____ 28
Por si quieres volver _____ 29
A corazón abierto _____ 30
Desde el primer momento _____ 31
Ya no lloré _____ 32
Melancolía _____ 33

Es estúpido hablarle a la luna de ti	34
Cuando quieras amar de verdad, ven	35
El cielo en tus ojos	36
Adicción	37
Quién lo diría	38
Fría	39
Amor platónico	40
Me estoy curando de ti	41
Es válido	42
Me enamoré de la chica equivocada	43
No llores bonita	44
Bonitas mentiras	45
Te olvidaré	46
Otro idiota o patán	47
Ella era perfecta	48
Anhelos	49
Ven	50
Sigo siendo de ti	51
Te debo ese amor que no supe darte	52
Me gustaría tenerte conmigo	53
Chicas que valen la pena	54
Fragmentos	55
Delirios	56
Pídemelo y te juro que…	57
Perdimos los dos	58
Triste realidad	59

Me gustaría	60
Nunca supiste entender mis sentimientos	61
En la comisura de sus labios	62
Estúpida razón, estúpido amor	63
Fuimos	64
Sé libre cariño	65
Sería un honor romperme en sus manos	66
Solo quiero esa felicidad	67
Mírame, estoy aquí	68
A usted la quiero conmigo	69
Eres tú y nadie más	70
Y de nuevo vuelvo a xtrañarte	71
Ella es la mujer que amo	72
No hay dolor más grande que amar	73
Fuimos uno	74
Lo que me gusta de ti	75
Bonita casualidad	76
Déjame extrañarte	77
Lo mejor está por venir	78
Almas enamoradas	79
Mi verdad	80
Noches de insomnio	81
Con ella	82
¿Por qué?	83
Júrame	84
Me enamoré	85

Tentación _____ 86
Tal vez _____ 87
Éramos infinito _____ 88
¿Qué haremos con nuestra soledad? _____ 89
Inseguridad _____ 90
Realista _____ 91
Me conozco bien _____ 92
Ella es de otro planeta _____ 93
Si te enamoras de ella _____ 94
Llora todo lo que tengas que llorar _____ 95
Convénceme _____ 96
Te voy a amar _____ 97
Excusa perfecta _____ 98
Estúpida mentira _____ 99
Estúpido amor _____ 100
Me dejaría abrazar el corazón por ella _____ 101
Falso olvido _____ 102
Falsa _____ 103
Por si te acuerdas de mí _____ 104
Te quiero, pero a mi modo _____ 105
El vicio de extrañarte _____ 106
¿Por qué? _____ 107
Tú me pones tan idiota _____ 108
¿Cómo se consigue el olvido? _____ 109
Bonitas mentiras _____ 110
Terriblemente loca _____ 111

Por ella	113
Encrucijada	114
Tonto	115
Pieza perfecta	116
Sus ojos no saben mentir	117
Ella y yo	118
Corazón ¿qué pasa?	119
Atrevimiento	120
Mil disculpas	121
Miedo	122
Que no se entere nunca	123
Chica cósmica	124
No lo pude evitar	125
No me hagas quererte, por favor	126
¿Mío?	127
Realidad y madurez	128
Ámala de una puta vez	129
Extrañarte duele	130
Amor y deseo	131
Cínica	132
Confidente	133
Locos y estúpidos	134
Entiende chiquita	135
Fugaz	136
Ella es ese tren que muero por abordar	137
Quisiera no amarte	138

Silencio y soledad _____ 139
Te echo de menos _____ 140
Retroceso _____ 141
Lo siento corazón_____ 143
Es malditamente hermosa _____ 144
Cuando la veo _____ 146
Supongamos _____ 147
A ti, poeta _____ 148
Vete _____ 149
¡Y cómo no amarte! _____ 150
Bienvenida a mis pensamientos _____ 151
Murallas _____ 152
Causa y efecto _____ 153
Magia _____ 154
No te enamores de alguien como yo_____ 155
Estamos jodidos _____ 157
Sus ojos_____ 158
Toma de mí lo que más te conviene_____ 159
Te olvidarás de mí, lo sé _____ 160
Olvida todos los versos que te escribí_____ 161

COMPLICIDAD

Llamémosle así,
tregua y complicidad,
extrañémonos estos días,
tú sabrás mi amor
si ausentarte más o acortar los días.
Yo por mi parte,
no quisiera estar privado de tus ojos,
con tu sonrisa ausente
y tu voz apagada.
Llamémosle así,
complicidad;
tregua temporal entre nuestro amor
y la soledad.
Piensa si en verdad me quieres,
mientras yo te quiero sin pensar.
Extrañémonos uno de estos días,
porque yo,
desde el primer día que tú te fuiste
empecé a extrañarte.

NOSTALGIA

Desperté
repleto de recuerdos,
tuyos,
míos, de nosotros.
Busqué tu cuerpo
y solo hallé soledad,
abracé el vacío
y desconsolado lloré.
Desperté
repleto de nostalgia,
del ayer, del hoy,
y de lo que fuimos.

NUDOS

Solo quedó el silencio,
un sinfín de recuerdos,
vacíos que duelen
y estas malditas ganas de llorar.

ME ENAMORÉ

Tenía la sospecha de que ibas a doler,
pero aun así lo intenté; valentía o estupidez,
o porque simplemente me enamoré.

FUE BONITO MIENTRAS DURÓ

En serio, gracias.
Puede que no fuera la historia de amor
que hubiésemos querido,
pero fue bonito compartirlo todo contigo;
fue agradable mientras duró.

IMPOSIBILIDAD

Y caí en cuenta
que estaba alimentando el vacío,
alimentando lo que no es
y lo que nunca será.
Caí en cuenta
que estaba soñando con un imposible,
queriendo lo que no me pertenece.

UN AMOR COMO EL SUYO

Quizás solo necesitaba un amor
así como el suyo
para sentirme vivo;
un amor que me sacuda el miedo
y me haga temblar el alma,
que borre de mi memoria
el recuerdo de amores pasados.
Un amor así:
intenso y apasionado,
completo y sin prejuicios.

POR SI DECIDES VOLVER

Mientras tanto,
mi amor;
yo me quedo aquí esperando
eso que posiblemente
no llegará,
ese algo que se nos escapó,
ese amor que se nos fue de las manos.
Me quedo aquí por si acaso te acuerdas
de esas alegrías y decidas volver.

DI QUE LA AMAS

¿Le tienes miedo?
¡Por un carajo, hombre!
¿No te das cuenta de cómo te mira?
Ve y háblale,
sé directo
y, sin rodeos, di que la amas.
Está claro que ella no dará
el primer paso,
aunque muera por hacerlo.

UNO MÁS DEL MONTÓN

A lo mejor solo fui un alto
momentáneo en su vida amorosa,
una pequeña pausa para
detenerse a jugar
o para consolar su desamor;
vaya yo a saber.
A lo mejor solo fui uno más del montón
en su lista de conquistas.

CON USTED ME PERDÍ

Con usted
me quiero empapar el alma,
que me haga suyo
hasta que me duela la vida;
total,
no tengo nada que perder,
con usted ya me perdí del todo.

IMPOTENCIA

Odio ese momento
cuando siento que te necesito;
lo odio,
porque no tengo el valor suficiente
para matar mi orgullo
y salir a buscarte.

NO DEJES DE MIRARME,
POR FAVOR

No sé qué ves en mí,
pero no dejes de mirarme, por favor.
La manera en que tus ojos
se clavan sobre mí
me hacen temblar hasta el alma;
me invade, me recorre,
me hace sentir vulnerable a tus palabras,
a tus gestos, a ti.

IMPOSTOR

En su vida solo fui un impostor,
un intruso que llegó a robar su felicidad.
Fui para ella
como esas tardes nostálgicas,
esas tardes frías y grises,
cargadas de lluvia.

SI NO ES CON ELLA,
NO QUIERO NADA

¡Vida!
Si no es con ella con la que te vivo,
no te quiero.
¡Tiempo!
Si no es con ella con la que te comparto,
prefiero la soledad.
¡Destino!
Tú la pusiste en mi camino,
tú me hiciste conocerla;
si ella no es para mí, no quiero existir.

ESPERANZAS MUERTAS

Lo más triste
de todo esto es que te sigo esperando
aun sabiendo que no volverás.
Ya han pasado varias lunas
desde la última vez que te vi,
pero este corazón sigue aferrado
inventando esperanzas
que no existen.

POR SI QUIERES VOLVER

Aún sigo esperando
por si acaso quieras volver
para abrigar con mis brazos tus soledades.
Tengo un montón de besos guardados
solo para tus labios
por si acaso
lleguen sedientos de amor.

A CORAZÓN ABIERTO

No estaba preparado para que entraras
así de golpe en mi vida,
aún me acosan mis miedos
y los fantasmas del pasado siguen
rondando entre mis recuerdos.
Pero,
¿cómo le hago?
Si te has metido muy dentro,
sin darme cuenta
me fui resbalando y resbalando hasta caer
en el pozo avellana de tus ojos.
Tengo miedo,
una parte de mí dice que me aleje
y la otra
muere de ganas por hacerte suya
para siempre.

DESDE EL PRIMER MOMENTO

Te soy sincero,
desde el primer momento
que se encontraron nuestras miradas
y nuestras bocas
se atrevieron a cruzar palabras,
desde ese momento
no he dejado de pensarte.

YA NO LLORÉ

Esta vez ya no lloré,
me dolieron sus palabras,
es cierto,
pero ya no lloré.
Tal vez ella esperaba a que yo
le pidiera que se quedara
como lo hice muchas veces,
pero ya no lo hice.
Dejé que se fuera,
no era para mí, por eso;
porque, si lo fuera,
ella no buscaría cualquier excusa
para dejarme tirado,
ella no se marcharía de mi lado
cada vez que se le dé la puta gana.

MELANCOLÍA

Y de pronto sentí el frío de tu ausencia:
era la melancolía que visitó a mi corazón __.
Era la tristeza y la soledad
las que nuevamente me abrazaron
y otra vez no me pude *defender*.

ES ESTÚPIDO HABLARLE
A LA LUNA DE TI

Es estúpido hablarle a la luna de ti
como si fuera a escuchar,
como si fuera a entender
lo que siento.
Es estúpido contarles a las estrellas
lo que te quiero decir de frente,
es tonto, pero, si no lo hago,
me vuelvo loco.
A alguien le tengo que contar de este sentimiento
que despertaste en mí,
a alguien le tengo que decir estas palabras
que mueren por descansar en tu corazón,
que anhelan ser escuchadas por ti.
Siempre paso desapercibido,
estoy, pero no me ves,
te hablo, pero no me escuchas,
te quiero,
pero tú quieres a alguien más.

*CUANDO QUIERAS
AMAR DE VERDAD, VEN*

Cuando quieras, mi amor;
cuando estés lista
y tengas el coraje de amar de verdad,
ven que yo te espero aquí
con todos tus miedos
y tus inseguridades,
yo sabré cómo lidiar con ellos.

EL CIELO EN TUS OJOS

Puede que no te hayas dado cuenta
pero llevas escondido en tus ojos
ese cielo que me gusta ver por las noches,
razón por la cual siempre
me pierdo en tu mirada
cada vez que te veo.

ADICCIÓN

No voy a prohibirme de nada,
al fin y al cabo
de ti nunca tengo suficiente:
siempre quiero más de ti.
Y si esto pudiera considerarse como un vicio,
tengo la certeza que mi adicción
sería perderme en tu amor.

QUIÉN LO DIRÍA

La chica que dijo
que nunca se enamoraría,
al parecer está enamorada
y se ve muy feliz.

FRÍA

Me gustaría mentir diciendo
que no te extraño,
me gustaría mentir y decir
que ya no te quiero,
pero no puedo.
No puedo dejar de pensarte,
no puedo dejar de amarte;
¿y tú?
¿Acaso me he vuelto ajeno a tus sentimientos?
No dices nada,
estás como ausente y callada.

AMOR PLATÓNICO

Ella es como la luna:
hermosa, fría e inalcanzable.
Ella es de esas mujeres
que solo la puedes amar en sueños,
a lo lejos y en secreto.

ME ESTOY CURANDO DE TI

Hace ya muchas noches que no te sueño,
el insomnio ya no me habla de ti;
ya no te extraño, ya no me dueles.
Me estoy curando de ti,
no quisiste seguir siendo mi presente,
ni formar parte de mi futuro,
decidiste sólo ser parte de mi ayer.

ES VÁLIDO

Es válido perderse algunas veces
para asesinar los pensamientos
que perturban la mente,
así como también ahogar con llanto
las penas que oprimen al corazón.

ME ENAMORÉ DE LA CHICA EQUIVOCADA

Me enamoré de la chica equivocada,
me enamoré de unos ojos que no me ven,
me enamoré de unos labios que jamás besaré,
me enamoré de un corazón que late por otro.
En definitiva,
me enamoré de la chica equivocada.

NO LLORES BONITA

No llores, bonita,
entiende que no todos tenemos
los mismos gustos,
debes entender que el amor a veces
no se da como nosotros queremos,
solo llega de golpe y nos sacude la vida;
a veces de una forma bonita y,
otras veces, con mucha violencia.
No llores,
llegará un corazón rebelde y loco
como el tuyo,
alguien que encaje perfectamente
a tu rara forma de entender el amor.

BONITAS MENTIRAS

Me gusta cómo me miras
y cómo endulzas mis oídos con tus palabras.
Miénteme, mi amor,
me hará bien creer que tú me amas,
aunque no sea verdad.

TE OLVIDARÉ

Te olvidaré de a poquito,
no puedo ser valiente de la noche a la mañana,
no es fácil desprenderse del amor y del apego,
no es fácil aprender a sobrellevar la soledad.
Mientras tanto, mi amor,
tú sigue robándome un poquito más el sueño,
sigue viviendo otro ratito más en mi corazón
hasta que alguien llegue
y te arranque de golpe para ocupar tu lugar.

OTRO IDIOTA O PATÁN

Algún día otro idiota o patán
se asomará a las puertas de tu corazón
y querrá quedarse a vivir allí.
Ese idiota o patán te dará lo mejor de sí y,
como siempre, tu tan inteligente
lo mandarás a la chingada
y preferirás a esos caballeros decentes
que solo quieren pasar el rato
y llevarte a la cama;
y tú, tan gustosa y complaciente
les dirás que sí.

ELLA ERA PERFECTA

Ella era perfecta,
su único defecto era yo.
Un hijo de la chingada
que la adoraba,
pero que no tenía planeado
compartir con ella su vida.

ANHELOS

Eres esa sonrisa tonta
que se dibuja en mi rostro
al pronunciar tu nombre.
Eres ese suspiro
que se me escapa cuando el corazón
no aguanta y suelta sus emociones.
Eres esos *te amo*
que tanto anhelan mis labios
pronunciar algún día.

VEN

Ven y cállame la mente,
no logro estar quieto,
consuela mis oídos,
di que me amas y que hago falta
ahí entre tus brazos.
La noche va menguando
y mi corazón aún sigue vagando;
busca entre la brisa nocturna
un suspiro tuyo con letras de mi nombre.
Ven y cállame la mente,
di que me amas, así como yo te amo.

SIGO SIENDO DE TI

Sigo siendo de ti a pesar
de que ya no somos nada;
te recuerdo
y de nuevo vuelvo a llorarte.
Alejarme de vos
no era lo que yo quería,
es solo que,
hay algunas cosas de la razón
que el corazón no sabe entender.

TE DEBO ESE AMOR QUE NO SUPE DARTE

Tengo algo pendiente contigo,
aún le debo besos a tu boca,
a tus mañanas, el café,
a tus noches, compañía.
Le debo a tus días, alegrías,
a tus tristezas, sosiego,
le debo a tu rostro, sonrisas,
a tus llantos, consuelo.
Le debo a tu vida
esa felicidad soñada,
te debo a ti ese amor que yo no supe darte.

ME GUSTARÍA TENERTE CONMIGO

Me gustaría que estuvieras
aquí conmigo
o yo allá contigo. No sé,
que estuviéramos juntos
en algún otro lugar,
solos,
sin nuestras diferencias,
sin nuestro orgullo,
solos con el amor que sentimos.

CHICAS QUE VALEN LA PENA

Aún no es tarde, dijo ella
y agachó la mirada.
Aún no es tarde para volver a empezar,
dijo de nuevo,
pero con lágrimas en los ojos.

FRAGMENTOS

Me dediqué a buscar entre canciones
pedazos de mi corazón,
trozos de recuerdos
donde yo sé que habitas.

DELIRIOS

Se me escapó un suspiro
con notas de un *te quiero*,
mientras pensaba en ti;
al parecer salió
en busca de tu corazón.
Y si por casualidad
escuchas al viento
susurrarte al oído un *te quiero*
que ni sabes de dónde vino,
y después giras la cabeza
mirando a tu alrededor,
buscando encontrar a alguien
y no encuentras nada,
no te asustes,
soy yo y los delirios de mi corazón
deseando estar contigo.

PÍDEMELO Y TE JURO QUE...

Anda,
pídeme que me quede
que yo te perdono todo
y me quedo a tu lado
una vida más.
Anda, no calles,
solo pídemelo
y te juro
que te vuelvo a amar.

PERDIMOS LOS DOS

Ya nada es igual,
las mañanas con su café,
los buenos días y un beso después,
el sonido de la lluvia al caer,
las caminatas por la tarde,
lo especial de los días nublados,
los domingos de cine,
nuestro gusto por las canciones.
Todo se desvaneció
y ni cuenta nos dimos;
poco a poco fuimos cayendo
en la costumbre y la monotonía,
y perdimos los dos.

TRISTE REALIDAD

Te pedí que te quedaras,
pero ya estaba más que claro
que ya no tenías la intención de quedarte.
Y, es que,
aún creo que eres para mí,
pero mi realidad estaba frente a mis ojos
con la maleta hecha
y los pies listos para decir adiós.

ME GUSTARÍA

Me gustaría que vieras
lo que en realidad hay
más allá
de lo que ves en mí.
Mis gustos,
mi desamor,
mi soledad conmigo mismo,
mi incertidumbre.
Me gustaría
que me conocieras
un poquito más.

NUNCA SUPISTE ENTENDER
MIS SENTIMIENTOS

Nunca supiste entender
mis sentimientos,
tú y tu vacía e insípida forma de amar
siempre iban delante de ti.
Nunca supiste entender
lo que había en mi corazón
y lo que era yo en realidad por ti.

EN LA COMISURA
DE SUS LABIOS

Mi felicidad empieza allí
en esas curvas que se forma
en la comisura de sus labios
cuando clava su mirada sobre mí.

ESTÚPIDA RAZÓN,
ESTÚPIDO AMOR

Tanto amor para dar,
¿y para qué?
Y es que,
¿acaso el amor es un sentimiento
despiadado que arrasa
con la voluntad humana?
Me duele la cabeza,
me duele el corazón y mi alma
sucumbe a cada segundo
en los gélidos brazos de la soledad.
¡Cuánta desesperación!
La amo,
tanto como para morir por ella;
no quiero,
pero tengo que entender
que no siempre se puede tener
lo que se quiere.
Estúpida razón, estúpido amor.

FUIMOS

Fuimos en su momento
la mejor historia de nuestras vidas,
tan reales,
tan sueños,
tan infinitos.
Fuimos todo siendo nada,
y por querer ser todo
nos volvimos malditamente nada.

SÉ LIBRE CARIÑO

Te libero de mí,
te libero de este apego,
te libero de este maldito amor.
Sé libre,
anda cariño,
abre esas alas que, por lo que se ve,
mueren de ganas por volar.

SERÍA UN HONOR
ROMPERME EN SUS MANOS

Después de todo, uno escoge el camino
que quiere recorrer,
uno elige en qué ojos perderse
y en qué labios morir.

Y si decidí perderme en ti
ya es muy problema mío,
es un riesgo que tomé;
me dejé atrapar el corazón y te expuse mi alma,
y si me rompes en pedazos,
sería un honor para mí
romperme en tus manos.

SOLO QUIERO ESA FELICIDAD

No sé qué vendrá después,
solo sé que quiero
esta felicidad;
sea verdad o sea mentira,
sea pasajera
o que dure toda una vida.

MÍRAME, ESTOY AQUÍ

Háblame,
no te quedes callada,
¿acaso no te has dado cuenta
que de ti estoy enamorado?
Mírame,
estoy aquí. ¿No me ves?

A USTED LA QUIERO CONMIGO

Al diablo todo lo demás,
a usted la quiero
más que a esta vida,
a usted la amo
y la adoro;
a usted la quiero conmigo.

ERES TÚ Y NADIE MÁS

Mírame
y no dejes de mirarme,
escúchame,
no dejes mis palabras amontonadas.
Créeme cuando digo que te amo,
cuando te digo que sólo eres tú
y nadie más.
No hagas caso mi amor
al ruido que hay allí afuera
y escucha a este corazón que sólo sabe
amarte a ti.

Y DE NUEVO VUELVO A XTRAÑARTE

Es el cuarto cigarrillo
que me fumo en diez minutos,
y ya he repetido nuestra canción
como unas siete veces seguidas.

Desvaneces en mis pensamientos
como el humo de esos cigarrillos,
lentamente y sin dejar rastro.

Creo olvidarte,
pero los recuerdos emergen
en cada tonada
y de nuevo vuelvo a extrañarte
y deseando estar junto a ti.

ELLA ES LA MUJER QUE AMO

Ella.
Ella es esa poesía
que por las mañanas el viento
me susurra al oído.
Ella.
Ella es esa canción que me inspiró
una tierna mirada
en una tarde de verano.
Ella.
Ella es ese beso
que por las madrugadas sueñan
mis labios.
Ella.
Ella es la mujer que robó mi vida,
que atrapó mi corazón
y sedujo mi alma.
Ella.
Ella es la mujer que amo.

NO HAY DOLOR MÁS GRANDE
QUE AMAR

LO QUE NUNCA SERÁ PARA TI

Tengo que reprimir esto que siento
y, si es posible,
asesinar este sentimiento.
¿Qué gano yo flagelando mi alma
gastando entre suspiros los latidos
de mi corazón?
¿Qué hago aquí vestido de otoños
cuando la primavera está allí
justo donde tú estás?
No hay dolor más grande que amar
lo que nunca será para ti,
no hay vacío que se pueda comparar
a tu ausencia en mi habitación.

FUIMOS UNO

Y esa noche hicimos el amor,
ya no eran suficiente las palabras
para expresar ese sentimiento.
Los besos fueron cada vez más violentos
y apasionados,
nos hervía la sangre y nuestra piel quemaba;
poco a poco nuestras manos abrieron paso
a caricias y toqueteos
invadiendo nuestra intimidad.
Estábamos hecho fuego,
las prendas que nos cubrían poco a poco
se fueron cayendo, estorbaban.
Y bebí de sus labios esa noche,
me vestí con su piel,
me perdí en su desnudez y su cuerpo.
Fue mía y fui de ella,
fuimos uno,
ella sobre mí y yo dentro de ella.

LO QUE ME GUSTA DE TI

Si hay algo que me gusta de ti
es esa capacidad que tienes
de armar un caos en mi mente
y poner en jaque todas mis emociones.
Esa manía que tienes
para salir siempre con la tuya
cuando se trata de amar.
Y si hay algo que adoro
es esa sonrisa tuya,
coqueta, cínica, dulce y atrevida,
tan llena de amor.

BONITA CASUALIDAD

Nunca fue mi intención
echar raíces
que pudieran cortar sus alas.
No fue mi intención amarla,
solo se dio
y no me quedó más que obedecer
a los caprichos del corazón.

DÉJAME EXTRAÑARTE

Déjame extrañarte por hoy,
quiero creer que tú me quieres
porque puede que mañana
tengas en tus labios
otra historia que contar.

LO MEJOR ESTÁ POR VENIR

Lo mejor está por venir,
pero…
¿qué es lo mejor?
Lo mejor lo definiría como algo así:
Tú y yo amaneciendo juntos,
compartiendo no solo el café,
sino que también toda una vida.
Tú y yo enamorados,
compartiendo momentos al lado
de nuestros retoños,
viendo pasar sobre nosotros los años.
Eso, para mí es lo mejor,
y lo esperaría solo si es contigo.

ALMAS ENAMORADAS

Me perdí en sus ojos,
fue solo un momento
pero eterno a la vez,
en el sentido el cual el tiempo
se detiene
y deja de existir
con una sola intención;
unir dos almas enamoradas
cansadas de divagar
en una sola mirada.

MI VERDAD

Quiero que entienda esto,
a usted le juré amor
y no fueron palabras vanas,
no fueron palabras vacías
y sin sentido.
Es mi verdad.
Entienda esto por favor,
no fue cualquier cosa lo que puse en sus manos,
es mi vida y el amor que día a día le profeso.
Le estoy dando lo único valioso
que creo tener,
es este corazón que ha encontrado en usted
la razón por la cual vale la pena latir.

NOCHES DE INSOMNIO

Mientras más insomnio te dedico,
más largo será el olvido,
más profunda será la soledad.

CON ELLA

Yo me quedo aquí,
este es mi lugar,
me siento bien en la comodidad
que me ofrece su corazón.

No encontraré sitio más seguro
que no sea entre sus brazos.

Aquí me quedo,
en sus ojos, en su voz,
en sus labios. Con ella.

¿POR QUÉ?

¿Por qué se le ocurrió al destino
coincidirnos con este amor
si bien sabe que nunca
podremos llegar a ser
más que solo sueños sin cumplir?

JÚRAME

Júrame que nunca te irás,
no me importa que sea mentira,
solo quiero creer
que eres mía
y que a pesar de todo
te quedarás conmigo.

ME ENAMORÉ

Y de pronto tu nombre
se fue convirtiendo en mi palabra favorita.
Poco a poco esa necesidad de saber de ti
fue creciendo día con día.
Entre miradas y sonrisas,
entre palabras y silencios,
entre momentos compartidos
el amor hizo de las suyas.
Me enamoré.

TENTACIÓN

De su boca hasta sus labios
hay aproximadamente
veintisiete besos
y un par de obstáculos
traicioneros
que también mueren
por ser devorados.

TAL VEZ

Tal vez ella ya se dio cuenta
de lo que provoca en mí,
últimamente está muy apegada
y busca conversación.
Y yo,
últimamente
ando con los nervios de punta.

ÉRAMOS INFINITO

Hubo un tiempo en que éramos
mucho más que el universo.

Éramos infinito.

Éramos mitad cielo
y mitad infierno,
era perfecto.

Lástima que nos duró tan poco.

¿QUÉ HAREMOS
CON NUESTRA SOLEDAD?

Huimos del amor
cuando lo tuvimos a nuestro alcance,
dejamos morir la felicidad
cuando la tuvimos en las manos.
Ahora mi amor,
¿qué haremos con nuestra soledad?

INSEGURIDAD

Tantas veces he reprimido
las ganas de salir a buscarte
simplemente
por temor a no ser
lo suficientemente bueno para ti.

REALISTA

Es estúpido alimentar la ilusión
y soñar que tus besos serán para mí.

Tengo que ser más realista y soñar en cosas
posibles: *Ir a la luna, por ejemplo.*

ME CONOZCO BIEN

Anda,
sigue acosando mis sentimientos
con esa sonrisa
y verás que no respondo.
Me conozco tan bien
que soy capaz
de hacerte
el amor de mi vida.

ELLA ES DE OTRO PLANETA

Sin duda alguna,
ella es de otro planeta,
razón por la cual nunca pude entenderla.

Ella era así,
loca hasta la madre,
respondona y sin pelos en la lengua,
era dardo envenenado
y antídoto a la vez.

Una versión rara de diablo y ángel.

Ella es ese tipo de mujer
que provoca en tu vida caos y desorden,
de esas que,
por más que las odies
no sabrías vivir sin ellas.

Podría decirse que ella es mi karma.

SI TE ENAMORAS DE ELLA

Si te enamoras de ella,
no se lo digas.

Tal vez pueda parecerte raro esto,
es curioso,
a ella le gusta demostrar y dar cariño
pero entra en pánico
cuando le hablan de amor.

Si te enamoras de ella,
no se lo digas.

Ella es una chica insegura,
con la autoestima muy baja
que le aterra saber del amor.

Si te enamoras,
no se lo digas.

Ella huirá de ti.

LLORA TODO
LO QUE TENGAS QUE LLORAR

No te preocupes,
llora todo lo que tengas que llorar,
extráñalo el tiempo que te sea posible;
y cuando menos te des cuenta
el amor que decías sentir
se irá apagando.
Lo olvidarás
y conocerás a otros,
quizás mejores o quizás no,
pero es un riesgo que tienes que tomar.

CONVÉNCEME

Convénceme,
hazme creer que vale la pena
entregarte el corazón.
Hazle creer a estos latidos
que contigo tengo las de ganar.

TE VOY A AMAR

Te voy a amar,
no sé por cuánto tiempo,
puede que por unos meses
o quizás por unos años,
quien sabe;
a lo mejor te ame
hasta que se agote mi existencia.

EXCUSA PERFECTA

Mi excusa perfecta sería decir
que por el camino tropecé con un ángel
y caí entre sus brazos,
que me perdí en sus ojos
y desde ese entonces
he estado buscando
el camino de vuelta a casa
en su mirada.

ESTÚPIDA MENTIRA

Lo juro,
de hoy en adelante ya no te pensaré
para no extrañarte más
porque dueles.

Ya no te quiero,
ya no te amo,
ya no te necesito,
ya no me haces falta.

Espero mi amor
me creas esta estúpida mentira.

ESTÚPIDO AMOR

Estúpido amor,
insensato y masoquista corazón.
Manos tontas que escribes versos
que ella nunca entenderá.

Patético.

Aprendiste a disfrazar
tus dolores e incoherencias en poesía,
poesía que ni en siete vidas
las podrá entender.

ME DEJARÍA ABRAZAR
EL CORAZÓN POR ELLA

Yo me dejaría abrazar el corazón,
me dejaría besar el alma
por esa inquietante mirada, fija,
que no da tregua.

Yo me embriagaría con gusto
con el dulce néctar de sus labios,
febriles y ansiosos
por probar la eternidad.

Yo me quedaría ahí a su lado
dispuesto a amarla,
con lo que da y con lo que guarda,
con lo que pone a la vista
y con lo que oculta,
con lo que dice y con lo que calla,
con su todo y con su nada.

FALSO OLVIDO

Me crea o no
pero a usted la amé con el alma
y con mi vida.
Nada pasajero,
ni caprichos ni altos momentáneos
para cubrir mi soledad.

A usted la amé, a usted la amo,
a usted la extraño como no se imagina.

Acepto todo lo que diga,
sus palabras y todo lo que piensa,
todo fue mentira.

No hubo amor,
no hubo verdad,
todo fue falso como este olvido
que ahora le presento.

FALSA

Como no existes, te inventé.
Pieza por pieza te armé,
a mi gusto te formé,
no faltó ningún detalle.

Te amé como nunca he amado,
en cuerpo y alma te amé;
me entregué tanto a ti
que me olvidé que solo eres fruto
de mi imaginación.

Me olvidé que personas
como tú
eran frías, vacías
y sin sentimientos.

POR SI TE ACUERDAS DE MÍ

Si por mera casualidad encuentras
por ahí algo que te haga recordarme,
procura por favor
regalarme una sonrisa
en memoria de la felicidad
que un día te di.

TE QUIERO, PERO A MI MODO

La verdad
es que a vos te quiero
como solo yo sé querer
y no como vos querés que te quieran.

EL VICIO DE EXTRAÑARTE

Qué vicio tan fuerte es esto de
extrañarte.
¡Mierda!
Me duele la cabeza de tanto pensarte,
me está doliendo en el alma tu ausencia.

¿POR QUÉ?

No fui nunca de nadie,
fui solo de ti.
No logro entender esto,
en serio: ¿qué no te di yo?

¡Dime!
Quiero entender esta mierda de sentimiento
que tengo ahora,
quiero entenderte antes de odiarte
para siempre.
Porque este amor que te di
no lo encontrarás en la vuelta de la esquina,
y esto que me hiciste
no lo merecía yo.

TÚ ME PONES TAN IDIOTA

Si tengo esta sonrisa tonta
es culpa tuya,
tú me pones tan idiota
que me olvido
de mí mismo
cada vez que te pienso.

¿CÓMO SE CONSIGUE
EL OLVIDO?

No sé vivir de recuerdos.
Lo sé,
es lo que últimamente me vengo
repitiendo una y otra vez,
pero no logro entrar en razón.

A ver, dígame.
¿cómo carajos puedo arrancar un sentimiento
que se ha adherido a mi alma
y alimenta los latidos de mi corazón?

A ver, dígame.
¿Se puede acaso deshacer de un solo golpe?
¿Se puede romper ese lazo de un solo jalón?
¿No sabe?
¡Cállese usted entonces!
Porque no sabe cuánto la extraño,
usted no tiene idea de cuánto la amo.

Disculpe, estoy perdiendo la razón,
el último trago y nos vamos.

BONITAS MENTIRAS

Me mintió de la manera más bonita,
dijo que me quería y le creí.

TERRIBLEMENTE LOCA

Ella sin duda era de esas mujeres
que, además de locas,
son terriblemente peligrosas.

Digo,
terriblemente peligrosas
por su manera de amar,
porque entregan todo,
su vida, su mundo, su corazón, su alma.

Le apuestan a la felicidad
salgan victoriosas o salgan gravemente heridas,
no les importa,
porque viven en busca del amor,
ese amor que las hace sentir vivas.

Sin duda ella era loca y peligrosa,
porque, sin importar esa indiferencia
le apostó al amor,
entregó todo y perdió (eso pensó ella,
cuando en realidad quien perdió fue él
por imbécil).

Ella era loca
pero no una tonta,
aunque vive su vida buscando amor
ella sabe cuándo quedarse y cuándo decir adiós.
No hay dolor más grande que amar
lo que nunca será para ti.

POR ELLA

Tiempo,
cuando se trata de amarla detente por favor,
quiero hacerme eterno en ella.

ENCRUCIJADA

No sé qué carajos hacer para quedarme
y tampoco sé qué decir
para que te quedes.

Estamos jodidamente perdidos
y muy desorientados.

Estamos con ganas de amar
y con ganas de ser olvido.

TONTO

Puedo jurarte una cosa esta noche,
con la voz entrecortada
y las palabras pesadas te digo: te extraño.

Debo aprender a no pensarte demasiado,
tengo que acostumbrarme
y hacerme a la idea
que no eres y nunca serás para mí.

Es ridículo,
porque te busco y te escondes.

Es patético,
porque cuando vuelves me convences
con un *te quiero*. Y, vuelvo a soñar
en un *nosotros* y que eres el amor de mi vida,
que eres mi estúpida realidad.

PIEZA PERFECTA

No sé cómo
ni en qué momento pasó esto,
solo sé que estoy hundido hasta
el pensamiento
y empapado hasta el alma.
Todo fue tan de repente,
como en un parpadeo,
como una chispa propagando un incendio,
sin previo aviso y sin pedir permiso
te fuiste metiendo muy adentro
de mi corazón.
Te metiste de golpe en mi vida
sacudiendo mi alma,
encajaste perfecto en mis emociones
y ahí te quedaste
como esa pieza que me hacía falta
para ser feliz.

SUS OJOS NO SABEN MENTIR

Tengo una gran fascinación por sus ojos,
ellos reflejan su verdad.
Son tan profundos y tan sinceros,
son la clara evidencia
de que ahora ella es feliz
al lado de aquel
que la tiene enamorada.

ELLA Y YO

Yo era otoño
y ella primavera.

Yo era tardes nubladas
y noches de lluvia,
ella, cálidos amaneceres
y mágicos atardeceres.

Ella era una chica divertida
y yo, yo era un tipo aburrido.

Ella era lo que me daba miedo buscar
pero que siempre necesité.

CORAZÓN ¿QUÉ PASA?

Corazón.
¿Qué pasa?
¿Qué has visto en ella?
¿Su sonrisa?
O, ¿quizás la belleza que refleja
su tierna mirada?

Corazón.
¿Qué pasa?
¿Por qué estás así?
Te siento fuera de mí
desde el momento que la vi.

ATREVIMIENTO

… Y así fue cómo el amor con sutileza y descaro intentó seducir a la amistad.

MIL DISCULPAS

Mis disculpas si no fui lo que tú esperabas,
lo normal no va conmigo y lo sabes.
Adopté por techo
la comodidad que me ofrecía el cielo,
opté por realidad los sueños
que me regalaba la luna.
Lo siento,
mi vida es algo complicada,
tengo esa costumbre de soñar despierto.
Mis disculpas por fallarle a tus expectativas.

MIEDO

Estoy a unos cuantos centímetros
de tu boca
pero a kilómetros ya de tu corazón.
Puedo ver cómo finges
con una sonrisa
el amor que ya no sientes.
Puedo sentir
cómo es que poco a poco
la soledad me está haciendo compañía.

QUE NO SE ENTERE NUNCA

¿Que si la amé?
Quién sabe.
Quizás sí, quizás no, la verdad, no lo sé.
Puede que un poco, puede que mucho,
o quizás nunca llegué a sentir nada,
posiblemente
la amé más de lo que se pudo imaginar.

Y para ser honesto
no tiene caso mi verdad,
es mejor que se quede con esa idea en mente
que nunca la quise,
que solo jugué para pasarla bien
un rato con ella fingiendo amor.

Es mejor así,
es mejor que no sepa que la echo de menos,
que no sepa que la quiero a morir,
que no se entere nunca
que al decirte todo esto me viste llorar.

CHICA CÓSMICA

Mirarle a los ojos
congelando las horas,
en aquella mesa el café se enfría,
mientras yo,
perdido en su mirada,
disfruto esos parpadeos
y esas tímidas sonrisas.

Las horas a paso lento
daban vueltas
a las manecillas del reloj,
mientras yo,
estoy perdido
entre las olas de su voz.

Sus manos entre las mías,
sus mejillas sonrojadas,
suspiro y vuelvo a suspirar
mientras navego
en el cielo infinito
de sus ojos.

NO LO PUDE EVITAR

Perdón por llegar a quererte en tan poco tiempo,
es solo que, encajaste perfectamente en mi vida
y no lo pude evitar.

NO ME HAGAS QUERERTE,
POR FAVOR

No me hagas quererte más,
por favor,
si no tienes la intención de quedarte
no lo hagas. Prefiero perderte ahora
que todavía sé vivir sin ti
y que aun tengo el control sobre
mis sentimientos,
prefiero perderte ahora
antes que sea demasiado tarde
y empiece a necesitar de ti.

¿MÍO?

Digo yo, mío es este corazón,
mío son estos latidos,
pero lo cierto es que,
podrá estar dentro y formar parte de mí,
pero desde que la conocí
dejó de latir por mí para latir por ella.

REALIDAD Y MADUREZ

Sabíamos que éramos fugaces
pero aun así nos juramos eternidad.

Te amé y me amaste,
me entregué a ti y te entregaste a mí;
teníamos en común el amor
y nuestras ganas de hacernos fuego
y consumirnos en cenizas.

No éramos ni el uno para el otro,
solo teníamos ese loco amor,
ese loco sentimiento que nos hizo feliz
aún después de decirnos adiós.

ÁMALA DE UNA PUTA VEZ

Tonto corazón,
ámala de una puta vez.

¿Qué esperas?

¡A que se vaya o qué!

Date prisa,
puede que se canse de esperar
y decida alejarse.

EXTRAÑARTE DUELE

Pensarte ya no lo hago tan seguido,
pero cómo dueles cuando vienes a mi mente.
Extrañarte se ha vuelto un sentimiento
casi remoto,
pero cuando sucede me parte la vida,
pierdo todo,
porque mi todo eras tú.
Te fuiste dejando huellas en mi alma,
te fuiste sin antes entender mis sentimientos.

AMOR Y DESEO

Puede que hayan tomado caminos diferentes,
pero, lo cierto es que;
donde hubo amor recuerdos quedan
y donde hubo fuego quedan cenizas.

... Y ella,
para no olvidarlo frecuentaba pensarlo
con la respiración agitada
y con los dedos húmedos en memoria
de aquel amor que no pudo ser.

CÍNICA

No sé qué ganas tú preguntando
que si aún te amo
si ya no tienes la intención de quedarte.
Dices que solo es por curiosidad,
pero yo lo siento como una burla al corazón.

CONFIDENTE

Ahora que tengo por compañía esta soledad,
ahora que el frío de la noche
abraza mi corazón,
el silencio será mi confidente,
ese amigo que no juzga,
que no critica,
que simplemente escucha y calla.
Será testigo de mis confesiones
y mis letanías.

LOCOS Y ESTÚPIDOS

Seamos locos y estúpidos juntos,
la gente cuerda me aburre.

ENTIENDE CHIQUITA

Entiende esto, chiquita,
el amor a veces nos lleva hasta la locura,
nos hace tocar fondo,
pero tranquila,
no es la muerte, aunque así lo parezca,
porque te deshace.

Es solo una muestra de su fuerza
y poderío sobre nosotros,
una pequeña advertencia
que con él no se juega.

FUGAZ

Ella deseaba la eternidad,
yo solo podía ofrecerle algo fugaz.

ELLA ES ESE TREN
QUE MUERO POR ABORDAR

Ella es ese tren
que muero
por abordar,
y yo;
yo soy uno de esos típicos
que no saben cómo tratar a una mujer
hermosa como ella.

QUISIERA NO AMARTE

Quisiera no amarte, quisiera no pensarte,
quisiera nunca haberte conocido.

Quisiera no ser yo cuando
te echo de menos,
quisiera amanecer un día
sin que seas tú lo primero
que venga a mi mente.

Quisiera olvidarme por un instante
que te amo hasta morir.

SILENCIO Y SOLEDAD

Solo hay un infinito silencio
entre tú y yo.
Kilómetros de soledad
y esperanzas muertas.

TE ECHO DE MENOS

Hoy he vuelto a soñarte
después de tanto tiempo ausente,
después de tantos suspiros ahogados
en canciones,
después de tantas noches de desvelo
te atreviste a besarme
una vez más mientras plácidamente
dormía.
Hasta que los insomnios
se volvieron intermitentes
creí librarme del amor
que me dejaste clavado en el pecho.
Creí ser ya inmune a ti
pero ciertamente estaba equivocado.
Te echo de menos,
es tonto,
porque otra vez dependo de la noche,
otra vez caí en la necesidad
de querer saber de ti.

RETROCESO

Y de pronto llega un momento
estando tú solo sentado frente al televisor
o acostado escuchando canciones
y te llega de improviso la melancolía
arrebatando tu tranquilidad
y te da por extrañar momentos
que creías olvidados.

Te sumerges
en lo más profundo de tu ser,
miras a tu alrededor,
fijas tu mirada en el cielo
y te dices a ti mismo:
¡Qué bonito está el cielo!
Quisiera ser una de esas estrellas
que lo engalanan.
¡Qué bonitas nubes!
Quisiera montarme sobre ellas
o quisiera ser una de ellas
y descubrir qué se siente
cargar la lluvia.

Así, cosas estúpidas
y sin sentido,
aquello que te hace suspirar,
aquello que anhelas
o aquello que te arranca sollozos
y te hace lagrimear.

LO SIENTO CORAZÓN

Me apendejé,
lo siento corazón, esto se pudo evitar
pero se sentía tan bonito que me dejé llevar
y he aquí nuestro caos.

Esos ojos, esa sonrisa, esa mujer;
sí, esa mujer que nos trae loco.

Ella con sus curvas peligrosas
y nosotros con los frenos averiados
y tan kamikazes.
Ella tan escultura de dioses
y nosotros tan paganos y blasfemos.
Ella tan reina y nosotros tan plebeyos.
Ella tan fruta prohibida
y nosotros codiciosos.
Ella tan aquí estoy
y nosotros será un placer.

Me apendejé corazón,
me enamoré y eso no era el plan.
Perdimos los dos.

ES MALDITAMENTE HERMOSA

Sentía los nervios
romper mis ligamentos,
podía escuchar el miedo taladrar
mis huesos
reventando mis tuétanos
cada vez que ella se acercaba
a mí.

Hay que tener nervios de acero
para aguantar esos vértigos que provocaba
tenerla a escasos centímetros,
escucharla hablar y tener que rezar
para que el corazón no destroce
las costillas por los latidos
acelerados.

Podía controlar cualquier tic
pero la idiotez no pasa desapercibida
y me trae con esa sonrisa estúpida
cuando ella se voltea,
cuando no me ve y cuando se vuelve
mi cómplice también.

Es malditamente hermosa,
y ciertamente,
la belleza atrae
pero al mismo tiempo
intimida.

Ella es lo más parecido al cielo
que tengo por techo,
puedo verlo y sueño poder alcanzarlo,
pero hasta ahí nomás.
Son sueños y deseos frustrados,
ilusiones nomas,
porque ella jamás me verá
como yo la veo.
Con amor.

CUANDO LA VEO

Quien fuera que la viera
desearía colgarse de sus labios
y descansar sus manos en su cadera.

Yo cuando la veo,
prefiero buscar otros sitios
dónde sujetarme mejor;
colgarme de sus clavículas, por ejemplo,
o sujetarme de sus costados.

No deseo mucho,
solo eso; entrelazar las falanges
de nuestros dedos al caminar.

SUPONGAMOS

Digamos que,
si por mera coincidencia
te encuentro en mi camino uno de estos días,
nos saludamos y empezamos a hablar.

Y si quedamos vernos otro día,
supongamos que mañana por la tarde,
yo te diré que sí;
estaré listo y muy ansioso.
Si la cita la dejamos por ahí como
las seis treinta de la tarde,
yo estaré esperándote a las cuatro,
pero cuando llegues y me preguntes
cuánto tiempo llevo esperándote,
te diré que llevo apenas
quince minutos esperando.

Y si me atrevo a ser sincero,
te confesaría que llevo toda una vida
esperando por ti.

A TI, POETA

Tú,
el de pensamientos inquietos,
el de sentimientos incomprendidos,
el de deseos frustrados
y amores no correspondidos.

A ti,
poeta de poesía barata,
como dice ella;
deja de llora y no dejes nunca de escribir,
que, aunque tu musa se haya ido,
otras vendrán, incluso
mejores y con mucha más magia
en la mirada.

VETE

Vete,
no quiero verte más,
solo traes recuerdos que hieren,
solo provocas que mis ojos lloren
por lo que un día fue.

Vete luna, vete,
vete lejos.

¿Para qué iluminas mi oscuridad?
¿Para qué me das compañía
en esta soledad?
¿Acaso no ves que ella ya no está?

Vete luna, vete, vete lejos,
ella no volverá.

¡Y CÓMO NO AMARTE!

De tantas miradas en el mundo
solo alguien como yo
se le ocurre naufragar en tus ojos.

Habiendo miles de sonrisas
solo a mí se me ocurre perderme en la tuya.

¿Y cómo no perderme en ellos?
Si con tan solo verte el mundo pierde su valor,
el tiempo deja de existir,
todo lo que quisiera tener en la vida
se resume en ti.

El cielo, la tierra y todo cuanto existe,
infinitamente lo superas tú.

BIENVENIDA A MIS PENSAMIENTOS

Bienvenida a mis pensamientos,
con toda confianza haga su recorrido.

Aquí encontrarás de todo,
de lo más romántico y cursi,
cosas tontas y estúpidas,
hasta lo más erótico y vulgar,
atrevido e intenso.

Disfrute su estancia,
espero sea de su completo agrado.

MURALLAS

Quisiera decirte muchas cosas,
liberar todas esas emociones
que guarda mi corazón,
dejar fluir frente a ti todas esas palabras
que vagan en mi mente.

Busco el camino para llegar a ti
pero me nublas el sendero
cuando apartas la mirada.
Busco crear con mis palabras
un puente que me ayude a cruzar esa brecha
que hay entre tus latidos y los míos,
pero todo se desvanece frente a mí
cuando no encuentro más que tu silencio.

Es agotador pensarte
y gastar entre suspiros los latidos de mi corazón,
es tan frustrante tratar de adivinar
lo que piensas y lo que sientes.
Yo solo quisiera ver, aunque sea de lejos,
una pizca de fortuna en tu mirada,
una cálida brisa de tus sentimientos
que logre abrigar las esperanzas que guardo de ti.

CAUSA Y EFECTO

Hay algo en sus ojos que me intimida,
su mirada bloquea mis reflejos
de autodefensa.

Frente a ella tartamudeo
como adolecente ligando por primera
vez a una chica.

Me hace temblar,
no solo las rodillas, también mi alma.

MAGIA

Si aún no crees en la magia,
sabrás que es real cuando
a mitad de un beso
te sonrían en la boca.

*NO TE ENAMORES
DE ALGUIEN COMO YO*

No te acerques por favor,
ni se te ocurra mirarme a los ojos,
mucho menos que me sonrías.

No me hables de amores,
soy un completo desastre,
tengo esa estúpida costumbre
de amar a golpe de tinta,
corres el riesgo de quedar atrapada.

Mi mundo no es de aquí,
pertenezco al mundo de los sueños y fantasías,
te arrebataría de tu realidad,
aun sin tener alas te haría volar.

No te enamores de alguien como yo,
soy de esos que te vuelven loco,
de esos que te visten de versos,
de aquellos que inmortalizan
amores en poesía;
de esos que saben cautivar corazones
y saben cómo llegar al alma.

No desees a alguien como yo,
tengo esa estúpida manía
de alborotar emociones,
sin necesidad de tocarte haría estremecer
cada centímetro de tu cuerpo.

No te acerques por favor,
soy un completo desastre,
no sé amar de otra manera,
no soy culpable ser así;
amar a verso y poesía.

ESTAMOS JODIDOS

Estamos jodidos,
yo no sé cómo irme
y tú no sabes cómo quedarte.
Estamos juntos,
pero nos divide millas de indiferencia.

SUS OJOS

Me puse a contar estrellas,
las muy bonitas
presumen su belleza a lo lejos.

Una estrella,
dos estrellas, tres estrellas.

Sus ojos,
sus ojos,
su sonrisa, su voz.

Y otra vez sus malditos ojos.

*TOMA DE MÍ
LO QUE MÁS TE CONVIENE*

Toma de mí lo que necesites,
está bien,
no te sientas comprometida.

Todos necesitamos algo de alguien
en algún momento de nuestras vidas.
Sea amor, sea dolor, sea tristeza,
sea alegría o felicidad;
somos de carne y hueso,
tomamos lo que más nos conviene,
no importa si es algo bueno o algo malo,
que nos devuelva a la vida o nos mata.

Toma de mí lo que necesites,
puede que en tu búsqueda
tropieces con el amor que desde hace
tiempo siento por ti y decidas quedarte.

TE OLVIDARÁS DE MÍ, LO SÉ

Cómo duele todo esto,
no te merezco, sabes por qué lo digo.

Seré egoísta por última vez,
toma y guarda estas palabras si quieres,
tengo qué decirlas,
porque, si las guardo para mí
me matarán lentamente en cualquier momento.

Te amo, solo escúchame,
no me respondas,
prefiero no escucharlo de ti porque
soy capaz de quedarme y eso no nos conviene.

Quisiera que no te olvides de esto,
pero sé que lo harás
cuando él te diga *mi amor* y te abrace.
Cuando él seque con un beso las lágrimas
que bañan tus mejillas y te diga ___*te amo*.

Te olvidarás de mí, lo sé,
porque a él también lo amas,
quizás un poquito más que a mí.

OLVIDA TODOS LOS VERSOS
QUE TE ESCRIBÍ

Olvida los versos que te escribí
y por favor, de mí no te preocupes.

Yo te amaba,
lo sabes bien *(y aún te amo)* sé que es tarde.

Solo hay un infinito silencio entre tú y yo,
kilómetros de soledad y esperanzas muertas.

Con tu libertad encontrarás nuevos amores,
mejores y completos, *más que los que yo te di*.

Olvida todos los planes que hicimos,
y por favor, deja tu miedo,
eso que nos destrozó, y busca tu felicidad.

Por favor,
olvida todos los versos que te escribí,
ellos saben abrir heridas,
saben revivir memorias muertas
y atan al corazón a ilusiones vacías.

Acerca del Autor

Mateo R. Montejo Hernández

Marzo 6 de 1, 990.
Nacido y criado en su pequeña, humilde y hermosa aldea Thaj_Buxup del municipio de Jacaltenágo. Pueblito encantador del departamento de Huehuetenango, Guatemala.
Mateo Hernández, inmigrante guatemalteco que salió de su tierra persiguiendo el tan ansiado *sueño americano* en el año 2012 en busca de mejores oportunidades, vino a convertir en realidad los sueños que guardó en sus bolsillos cuando decidió salir de casa publicando en 2018 su primer libro titulado Versos Rotos. Dos años después, publica su segundo libro: Amor y Otros vicios.

6 Mateo Hernández

www.ingramcontent.com/pod-product-compliance
Lightning Source LLC
Chambersburg PA
CBHW031644040426
42453CB00006B/202